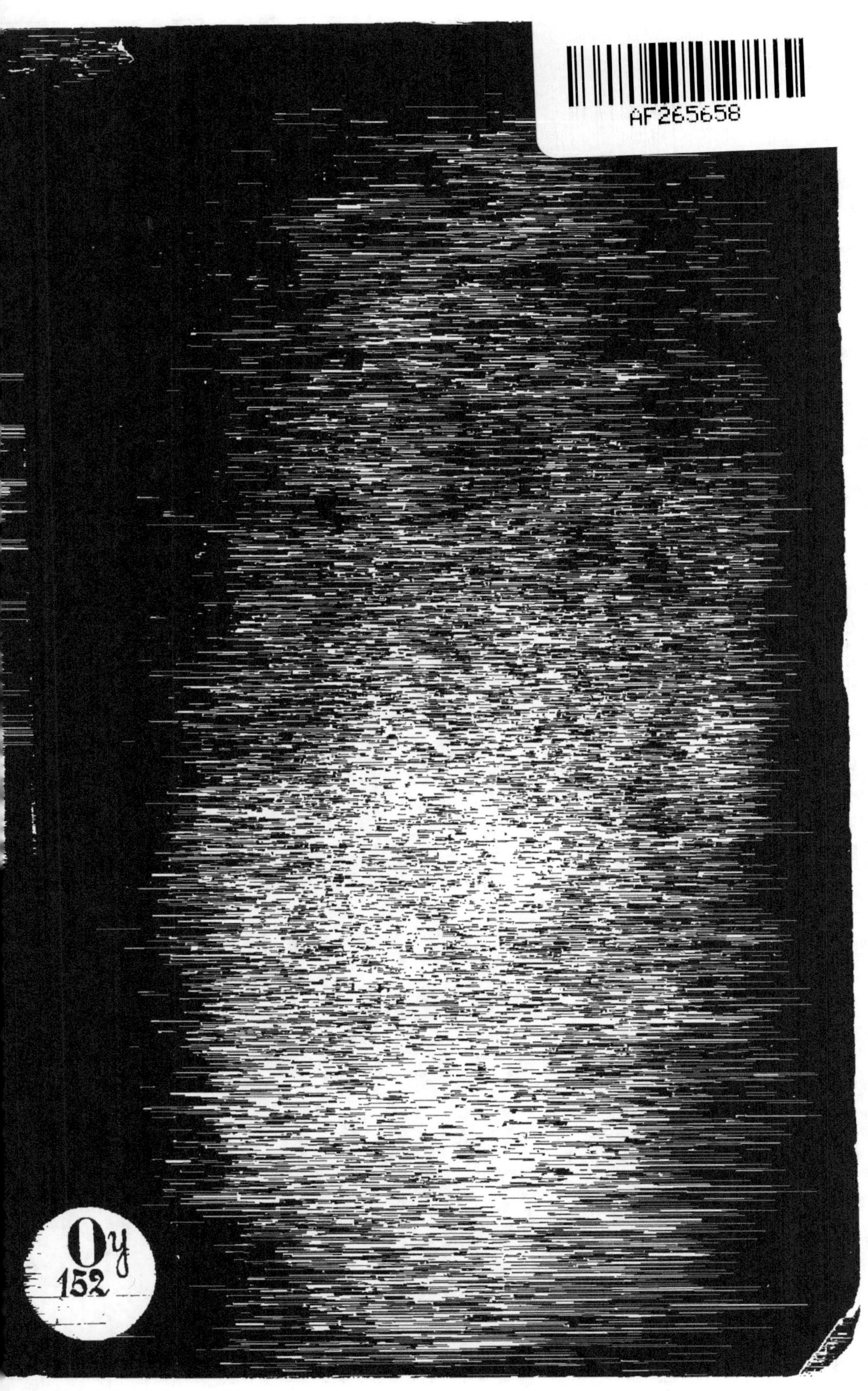
AF265658

LE BRÉSIL

SOUS LA DOMINATION PORTUGAISE

A Son Excellence

A.-J. BRAAMCAMP

Ancien Ministre

Conseiller d'État du royaume, etc., etc.

Je dédie très respectueusement

ce petit travail.

Le Baron ED. DE SEPTENVILLE.

Château de Lignières,

Prix (Somme) — FRANCE

Ouvrages de M. le Baron ED. DE SEPTENVILLE

Découvertes et conquêtes du Portugal dans les deux Mondes.

Étude historique sur le marquis de Pombal, 1738-1717.

Le Portugal et ses colonies.

Victoires et conquêtes de l'Espagne, depuis l'occupation des Maures jusqu'à nos jours.

Histoire héroïque et chevaleresque des Alfonse d'Espagne.

L'intention de l'Angleterre en 1863.

Comment la Russie et la Perse peuvent anéantir l'influence anglaise en Asie.

La Russie et l'Asie centrale.

La Russie et la mer Caspienne.

La Russie et la Chine.

Les colonies danoises sous le règne de Christian IX.

L'Espagne et Gibraltar.

L'émigration suisse et le Brésil.

Jean de Lery ou le Brésil et Genève, 1534-1611.

Découverte d'un cimetière gallo-romain à Fontaine-le-Sec, Oisemont (Somme).

LE BRÉSIL

SOUS

LA DOMINATION PORTUGAISE

PAR

Le Baron ED. DE SEPTENVILLE

Commandeur de l'ordre royal et militaire du Christ, de Portugal.
Grand commandeur de l'ordre royal de Charles III, d'Espagne.
Officier de l'ordre royal de la Couronne, d'Italie.
Chevalier des ordres de Notre-Dame-de-Villa-Vicosa, de Portugal ; de l'ordre impérial de
Notre-Dame-de-Guadalupe, du Mexique, etc.
Membre de la Société des Antiquaires de France, de l'Académie royale espagnole
d'Archéologie et de Géographie du prince Alfonse,
de l'Académie des Quirites, de Rome,
et de diverses autres Académies et Sociétés savantes de France et de l'étranger.

PARIS

E. DENTU, ÉDITEUR

Palais-Royal. — Galerie d'Orléans, 17 et 19.

1872

LE BRÉSIL

SOUS LA DOMINATION PORTUGAISE

Le roi Emmanuel le Fortuné régnait sur le Portugal, quand fut découverte cette magnifique contrée, cet empire florissant qu'on nomme le Brésil.

Encouragé par le succès de la glorieuse expédition que Vasco de Gama venait d'entreprendre, ce prince, qui songeait sans cesse à augmenter en étendue et en richesses le royaume soumis à son sceptre, équipa une nouvelle flotte de treize vaisseaux, dont il donna le commandement à Pedro Alvarès Cabral. Cette flotte était dirigée sur Sofala d'où elle devait se rendre à la côte du Malabar.

Elle partit le 9 mars 1500; elle se trouvait le 14 du même mois devant les Canaries, et, le 22, elle passait en vue du Cap Vert.

Voulant éviter les côtes de l'Afrique et les calmes si redoutables en ces parages, Cabral prit si fort le large que, battu par les flots, il dériva vers le couchant, et, le 24 avril, il eut la vue d'une côte inconnue placée sous le dixième degré de latitude, au-delà de la ligne;

il continua à avancer et trouva un port d'un facile accès, qu'il nomma Porto Seguro.

Il descendit sur le rivage et y fit planter la croix, en donnant à ce pays le nom de Santa-Cruz, auquel on substitua depuis celui de Brésil. Il en prit possession sans toutefois y former d'établissement et pour marquer les droits de sa patrie à cette nouvelle conquête, Cabral érigea un poteau aux armes du Portugal, puis il dépêcha un de ses vaisseaux à Lisbonne pour y donner avis de sa découverte.

En jetant aujourd'hui les yeux sur le Brésil, on a peine à comprendre comment cette fertile terre fut presque délaissée pendant les premiers temps qui suivirent la venue de Cabral ; il est cependant facile de l'expliquer.

En 1501, le roi Emmanuel, désireux d'être fixé sur l'étendue et l'importance du pays découvert par Cabral, envoya pour l'explorer l'émule de Christophe Colomb, Améric Vespuce. Le navigateur florentin avait mission expresse de visiter minutieusement les lieux entrevus l'année précédente, et de recueillir des documents de nature à déterminer d'une façon précise la valeur de la nouvelle possession.

Il parcourut la côte, non sans avoir à affronter de nombreux dangers ; il observa avec intelligence l'aspect du pays ; mais s'il sut en constater la beauté, s'il s'enthousiasma à la vue de sa luxuriante végétation, il ne devina pas le genre de richesse que le Portugal pouvait en tirer dans l'avenir et l'utilité que le Brésil devait offrir à son commerce extérieur.

Emmanuel ne vit donc d'abord, dans le Brésil, sur le rapport qui lui en fut fait, que de vastes terrains à peu près inutiles et occupés par des hordes sauvages.

Comme le Portugal était sans cesse obligé d'expédier de meilleures troupes dans l'Inde pour les besoins de la conquête et de prodiguer son or pour l'équipement des flottes nombreuses qu'il fallait continuellement y envoyer, le prudent monarque jugea qu'il serait peut-être téméraire de se priver des forces dont il avait besoin pour l'Inde, au profit d'une contrée dont il ne pouvait soupçonner encore la brillante destinée.

Aussi, bien que plusieurs autres navigateurs, tels que Gonzales Coelho, Jacques Christovam, Vincent Pinzon, François d'Almeida et le grand Albuquerque abordassent au Brésil, ou parussent dans ses mers, la cour de Lisbonne en fit un lieu de déportation pour les gens condamnés aux galères, se réservant dans l'avenir de changer cette destination, si besoin était ; mais, il faut le dire, elle fondait peu d'espoir sur cet avenir.

Cependant, quelques personnes aventureuses, qui avaient été à même d'apprécier le parti qu'on pouvait tirer d'une région dont le climat était excellent, et les productions naturelles nombreuses, sollicitèrent et obtinrent sans peine d'immenses concessions de terrains, ce qui amena la formation de divers établissements, qui se multiplièrent plus tard et ne tardèrent pas à prospérer.

Le Brésil fut originairement engagé à ferme par le Portugal pour un revenu assez modique ; il se peupla de bourgades qui devaient, pour la plupart, devenir avec le temps d'importantes cités ; c'étaient Tamacara, Fernambouc, Ilheos, Porto-Seguro, Saint-Vincent, Paraïba, Saint-Amaro et Esperitu-Santo. Ce fut seulement alors que le roi Jean III, qui jusque-là n'avait été qu'imparfaitement édifié sur les ressources offertes par le pays conquis, s'émut en reconnaissant le profit que les colons avaient su faire de leurs possessions, et les avantages réels qui pourraient résulter pour le Portugal, d'une réforme dans cette colonisation.

Comme le roi Jean était non-seulement un homme d'un esprit profondément observateur, mais encore un homme d'action, il ne balança pas à prendre immédiatement des mesures pour que l'administration régulière du pays s'établit. Il commença par révoquer les ponvoirs trop illimités accordés aux grands possesseurs de terres, et il divisa le pays en neuf grandes capitaineries, dont les titulaires furent Jean de Barros, Edouard Coelho Pereira, François Pereira Coutinho, Georges de Figueyredo Corréa, Vasco Fernand Coutinho, Pierre de Campo Tourinho, Pierre de Goes, Martim Alfonse et Pierre Lopès de Souza.

En 1549, il envoya au Brésil Thomas de Souza, avec le titre de gouverneur général; six vaisseaux bien équipés et chargés d'un certain nombre d'officiers, composaient sa flotte.

Le gouverneur avait la mission de bâtir une ville dans la baie de Tous-les-Saints, et le roi, qui ne négligeait jamais le soin de propager dans les pays conquis la doctrine du Christ, s'adressa au pape Paul III, pour obtenir du souverain pontife des missionnaires, chargés de convertir au christianisme les populations indigènes; Paul lui en accorda six, qui partirent avec Souza.

A leur arrivée, ils jetèrent les fondements de la ville de San-Salvador, qui devint le chef-lieu des diverses capitaineries dont l'étendue était considérable.

Plusieurs donataires, qui s'étaient engagés à exploiter promptement les vastes provinces qu'ils avaient reçues à titre de concession, ne tardèrent pas à s'apercevoir de la difficulté de les mettre en valeur. Les tribus qu'il fallait soumettre étaient puissantes et presque indomptables; on dut entamer contre elles des luttes sans relâche et, de ce premier contact d'un peuple européen avec les indigènes, il résulta des combats sanglants. Thomas de Souza eut donc à soutenir de longues guerres, ce qui toutefois n'empêcha pas les villes de se multiplier, en dépit des efforts tentés par les naturels pour s'opposer à tout ce qui pouvait étendre ou consolider la puissance portugaise.

Là comme ailleurs, du reste, elle devait s'affermir, grâce à la volonté persistante du prince et à la valeur de ses troupes.

Mais ce n'était pas seulement contre les Brésiliens que l'on allait avoir à combattre : les Français et les Espagnols avaient entrepris de leur disputer une part de la conquête.

En 1555, Nicolas Durand de Villegagnon, vice-amiral de Bretagne, et professant la religion protestante, conçut le projet de former au Brésil une colonie de ses coréligionnaires.

Il se présenta au roi de France, Henri II, sous prétexte de faire rivaliser la France avec le Portugal et l'Espagne, en fondant des établissements dans le nouveau monde, et obtint de lui trois vaisseaux qu'il emplit de protestants. Alors, s'embarquant au Havre, il fit voile pour le Brésil et s'y empara d'une petite île au milieu de laquelle il construisit un fort qu'il nomma fort Coligny. Puis il écrivit à Genève, où il avait des amis, à Paris, où l'amiral Coligny protégeait les protestants, et parvint à persuader à une quinzaine de personnes de venir le rejoindre au Brésil.

La petite troupe s'embarqua sur trois vaisseaux portant ensemble environ trois cents hommes d'équipage, et réussit, non sans peine, à aborder à l'île occupée par Villegagnon et les siens.

Mais une fois réunis, la mésintelligence se mit entre eux, et, après un séjour de quatre ans, Villegagnon, qui était parvenu à renvoyer en France une partie des protestants qui l'avaient accompagné, y revint lui-même. Les Français demeurés dans l'ile essayèrent de de s'y fixer, mais les missionnaires jésuites, qui avaient acquis une certaine influence sur les colons de la capitainerie de Saint-Vincent, les exhortèrent à chasser les Français.

Ceux-ci résistèrent avec courage, avec acharnement même, et un combat sanglant eut lieu, combat dont l'avantage resta tout entier aux Portugais, qui démolirent le fort Coligny, s'emparèrent de la baie de Guadabra, où se trouvait située l'île, et y jetèrent les fondations de Rio de Janeiro, qui devait devenir la capitale du Brésil.

De 1560 à 1562, les indigènes, mus par un sentiment d'indépendance facile à comprendre, tentèrent de repousser les Portugais et firent les plus grands efforts pour y parvenir, mais ils furent obligés d'abandonner la lutte et de reculer dans l'intérieur, en se réfugiant au fond des déserts du pays des Amazones.

Si, lorsqu'elles commencèrent à craindre les invasions des Portugais, les diverses nations indigènes s'étaient réunies pour refouler l'ennemi commun, elles fussent parvenues peut-être, sinon à empêcher la conquête, du moins à la rendre plus difficile, en raison du peu de forces que le Portugal pouvait alors, y employer; mais ces nations étaient elles-mêmes perpétuellement en guerre entre elles, et leur nombre ne les rendait pas capables de résister à des

soldats braves et aguerris comme l'étaient les Portugais.

Le Brésil, annexé au Portugal, continua à être admi-
nistré en son nom, mais les capitaineries revinrent à la
couronne, et une nouvelle division fut établie, qui par-
tagea le pays en dix gouvernements.

Bientôt cependant, cette répartition présenta des in-
convénients, et on y substitua la division par provinces,
en en doublant le nombre.

Jusqu'à l'époque de la domination espagnole, le
Portugal jouit paisiblement de sa conquête et aucun
fait saillant ne se présenta dans l'histoire de cette possession.

L'établissement des jésuites fut une des causes du
développement de la colonie.

Intrépides missionnaires, ils se dispersèrent parmi
les Indiens, et ne prêchèrent parmi eux que la paix et
la concorde.

Cette sage conduite contribua puissamment à établir de bonnes relations entre les indigènes et les Portugais, qui se maintinrent au Brésil, plus encore par
l'influence des missionnaires, que par la force de leurs
armes.

Au Brésil comme en Asie, les événements qui pla-
cèrent la couronne du Portugal sur la tête de Philippe II d'Espagne amenèrent de terribles commotions.

Il ressentit les effets de la lutte que le souverain
espagnol avait à soutenir contre la France, contre
l'Angleterre, contre la Hollande enfin, qui, constituée
en république des Provinces-Unies, se rendit encore plus
redoutable au Brésil que partout ailleurs. La Compagnie des Indes constituée, par la république batave,
commença ses premiers exploits par une attaque

contre le Brésil. Le pays était alors dans une paix profonde, les tribus indiennes avaient été soumises ou anéanties, des cités s'élevaient sur le littoral, et déjà l'Europe attentive regardait, d'un œil d'envie, cette riche et vaste contrée échue au Portugal.

Informés par quelques marins envoyés en éclaireurs sur les côtes, que les tribus indiennes s'étaient soumises par degré, et que le goût du négoce avait succédé à l'amour de la guerre, la Compagnie des Indes pensa qu'elle aurait facilement raison d'un peuple devenu plus commerçant que guerrier, et bien qu'une loi eût interdit l'entrée du pays aux étrangers, elle y envoya des marchands qui préparèrent les voies, en se ménageant des intelligences avec les indigènes auxquels ils vendaient des marchandises à bas prix.

Bientôt après, en 1624, l'amiral Jacob Willekens parut dans la baie de Tous-les-Saints, marcha droit sur San-Salvador, faiblement défendue, et s'en empara ainsi que de toute la province.

Dans cette pénible circonstace, l'archévêque portugais, don Marcos Texeira, se conduisit admirablement. Après avoir lutté, à la tête de son clergé et de ses vassaux, contre les envahisseurs, il se retira dans un bourg voisin, s'y fortifia, et ne cessa de combattre et de harceler l'ennemi jusqu'au moment où la flotte envoyée par Philippe le força à abandonner la place. Don Manuel de Menezes commandait les troupes portugaises. Mais, en 1630, la Compagnie des Indes reprit l'offensive, et son amiral, Henri Lonk, se présenta avec quarante-six vaisseaux sur la côte de Fernambouc et la soumit après plusieurs combats meurtriers et acharnés.

A partir de ce moment, ce ne fut qu'un désastre continuel. En 1633, 1634 et 1635, les troupes des

Provinces-Unies désolèrent les contrées limitrophes, et, rendue plus hardie par ses succès, la Compagnie résolut de s'emparer de tout le Brésil : elle chargea Maurice de Nassau de cette entreprise.

Les Hollandais durent à la rapidité de leur agression leurs faciles succès, et la façon dont ils surent en tirer parti, les affermit dans la pensée que le Brésil leur était désormais inféodé.

Ils commencèrent par augmenter leurs forces en donnant la liberté aux esclaves dont ils firent des soldats, et en contractant des alliances avec les Indiens civilisés. Ils avaient de plus grand intérêt à les attirer à eux : c'étaient autant d'adversaires qu'ils suscitaient au Portugel dont ils voulaient abattre jusqu'à la moindre influence; des hommes habitués à vivre dans les bois, pleins de force et de vigueur, ne redoutant ni les fatigues ni les privations, devaient former, sinon de bonnes troupes au point de vue stratégique, du moins de précieux auxiliaires. Aussi les Hollandais employaient-ils avec beaucoup d'avantage ces sauvages Indiens, qui, servant d'avant-garde, s'avançaient résolûment par les chemins les plus impraticables. Coupant avec une rare prestesse les buissons et les ronces, ils couraient avec la rapidité du cerf; ils passaient à la nage les soldats qui n'osaient se hasarder dans les grandes rivières. En maintes circonstances, enfin, ils rendaient des services importants et se battaient sans quartier.

Grâce à ces terribles alliés et au nombre de troupes dont ils disposaient, les Hollandais purent donc se rendre successivement maîtres de Fernambouc, du Piauhy, du Rio Grande, des forteresses du cap Saint-Augustin et du Rio San Francisco. Malgré tout cela, les Portugais se défendaient avec vigueur, et s'ils étaient contraints de se retirer devant des forces supérieures, ils faisaient payer cher aux Hollandais le moindre avantage.

Pendant dix-sept ans, les deux nations luttèrent à outrance; les Hollandais étaient conduits par d'habiles généraux, Willekens, Van Dort, Sigismond Shopp, lieutenants de Maurice de Nassau; le Portugal, de son côté, leur opposait d'intrépides guerriers, Albuquerque, Banjola, Rocca de Borgia, Carrèa de Sa, Menezes de Borgia, et tant d'autres dont nous ne saurions citer ici les noms.

Toutes les côtes cependant, depuis San Salvador jusqu'à l'Amazone, c'est-à-dire sur un espace de près de trois cents lieues, tombèrent au pouvoir de la Compagnie des Indes, qui, sans désemparer, s'installa au Brésil comme si elle n'en devait plus sortir. Des forts importants furent bâtis à l'embouchure des rivières, et le prince de Nassau, qui administrait les provinces conquises, multiplia autant qu'il put le faire, les moyens de défense et d'agression. En 1637, il alla mettre le siége devant San Salvador, défendue par le général portugais comte de Bognuolo.

Maurice tenta plusieurs assauts qui furent repoussés. Irrité, il voulut foudroyer la ville. Mais sa vengeance se brisa contre l'intrépidité de Bognuolo, de Da Sylva, d'Edouard Albuquerque, de Souto, de Cameram et de Diaz. Maurice alors, outré contre la fortune qui semblait l'abandonner, se rembarqua avec six cents blessés. Le siége avait duró quarante jours et l'armée hollandaise y perdit 3.000 hommes, des canons et des drapeaux.

L'administration de Maurice de Nassau fut marquée au Brésil par l'emploi de mesures vexatoires pour les colons portugais, et bientôt le conseil suprême des états généraux des Provinces-Unies, le soupçonnant de vouloir créer à son profit une souveraineté héréditaire dans le pays qu'il avait conquis, le rappela (1643).

La domination hollandaise, fâcheuse en ce sens qu'elle priva momentanément le Portugal d'une partie de ses plus belles possessions, n'eut cependant pas pour le Brésil la funeste influence qu'un changement de maitre eut pu faire craindre.

Le Brésil ne devint pas hollandais. Ses habitants, profondément attachés au Portugal, ne cessèrent jamais de penser que ce qu'ils traversaient étaient une phase purement passagère, dont ils ne pouvaient encore prévoir l'issue, mais qui serait peu durable. L'avenir leur donna raison. Les Hollandais étaient au Brésil, il est vrai, et s'y croyaient solidement établis, mais la Providence en avait décidé autrement : une révolution inespérée vint rendre la liberté au Portugal, et la maison de Bragance monta sur le trône en la personne de Jean IV.

En retrouvant son roi légitime, le Portugal tressaillit de joie ; l'aube d'une nouvelle ère de bonheur et de prospérité venait soudain luire pour lui ; la domination espagnole avait jeté un voile de deuil sur la fière Lusitanie, la restauration changea ce deuil en fête, et toutes les forces vives de la nation se groupèrent autour du souverain acclamé, qui rendait au pays sa nationalité. Le roi, lui, n'avait qu'un désir, celui de réparer au plus vite le mal causé par soixante années d'occupation étrangère. Mais il fallut tout d'abord employer ses armées à se soutenir contre les entreprises de l'Espagne, qui ne pouvait se consoler de la perte d'un royaume, dont la conquête lui avait coûté tant de sacrifices.

Jean conclut donc une trève de dix ans avec les Hollandais, dans l'impossibilté où il était momentanément de pouvoir leur arracher le Brésil ; mais les Hollandais apportèrent si peu de bonne foi dans l'exécution de cette trève, que les Portugais, sans même consulter leur souverain, dont ils connaissaient d'ailleurs les sentiments, résolurent de prendre les armes et d'exterminer tous les Hollandais. Chose bizarre, et qui peut servir à marquer combien les Hollandais étaient abhorrés par les habitants du Brésil, de quelque race qu'ils fussent, les quatre chefs du mouvement appartenaient chacun à une couleur différente : blanche, mulâtre, noire et indienne ! Ce fut toutefois un blanc, un Portugais, Jean Fernandez de Vieira, qui conduisit le mouvement et eut l'honneur de mener l'entreprise à bonne fin.

On avait formé le dessein de profiter d'une fête donnée à l'occasion du mariage de la fille du juge de Fernambouc pour fondre à l'improviste sur les Hollandais ; mais, avertis secrètement, ils le firent échouer. Ce fut alors que Vieira et les siens se retirèrent pour se mettre à la tête des troupes résolues qui commencèrent à ravager les terres hollandaises. Le roi Jean IV désavoua cette insurrection, par respect pour la trève ; mais Vieira passa outre, et, recrutant chaque jour de nouveaux bras à l'indépendance brésilienne, il se rendit la terreur des Hollandais, qui, après une foule de combats dans lesquels ils furent presque constamment battus, ne possédèrent bientôt plus que San-Salvador défendu par le général Sigismond.

Cette dernière place devait succomber sous les coups du vaillant Fernandez Vieira, secondé par le général Francisco Baretto de Menezes, qui, se fiant au courage du hardi chef de l'insurrection, lui avait accordé l'honneur d'attaquer le premier la ville. On était parvenu à décider Jacques de Magalhaës, commandant l'escadre portugaise chargée de protéger les navires de commerce qui se rendaient de San-Salvador en Europe, à se joindre ouvertement à la cause nationale.

San-Salvador pris, les Hollandais écrasés à la bataille de Guararapie, en novembre 1648, la guerre ne tarda pas à se terminer par une retraite qui, le 27 janvier 1654, délivra à jamais le Brésil de la domination batave.

Une fois débarrassés de leurs ennemis, les Portugais, qui avaient retrouvé sous le règne paternel de Jean IV leur goût pour les découvertes et leur humeur aventureuse, s'avancèrent au sud vers la rivière de la Plata qui les séparait des Espagnols, et au Nord jusqu'à celle des Amazones. Ils s'emparèrent du pays situé sur les bords de ce dernier fleuve, s'y établirent et, en 1713, ils obtinrent de la France, par suite du traité d'Utrecht, la partie méridionale de la Guyane située dans les environs du cap Nord. A partir de l'époque où le Brésil fut replacé sous l'autorité des rois de Portugal, il ne cessa plus de marcher dans une voie d'amélioration et de progrès.

En 1710, le capitaine de vaisseau Du Clerc conçut le dessein de tenter une descente au Brésil. Il partit de France à la tête d'une escadre de cinq vaisseaux, portant mille hommes de troupes, pour s'emparer de Rio-Janeiro ; bien qu'il eût appris que la nouvelle de son expédition avait jeté quelque trouble parmi les habitants, il différa l'attaque, ce qui permit aux Portugais de se fortifier ; Du Clerc débarqua à Guaratiba sept cent dix hommes, et, guidé par deux nègres, il marcha contre la ville, dans laquelle il réussit à s'introduire.

Mais sept à huit mille hommes la défendaient ; aussi, après s'être emparé d'une maison dans laquelle il se

retrancha, fut-il assailli par la garnison et forcé de ca-
pituler. Malheureusement la populace, se portant à
des excès coupables, ne craignit pas d'assassiner le pri-
sonnier.

La France ne pouvait laisser cette action impunie,
et Duguay-Trouin se chargea d'en tirer réparation; il
mit à la voile le 9 juin 1711, et, le 12 septembre sui-
vant, il arrivait à l'entrée de la baie de Rio-Janeiro,
avec une escadre de onze vaisseaux portant quatre-
vingt dix gardes de la marine et deux mille trois cent
cinquante huit hommes de troupes.

De son côté, le roi de Portugal, prévoyant l'agression dont le Brésil allait être l'objet, n'avait rien né-
gligé pour mettre Rio-Janeiro à l'abri d'un coup de
main, et y avait envoyé quatre vaisseaux de guerre et
trois frégates chargés d'artillerie, de munitions de
guerre et de cinq régiments de troupes réglées sous les
ordres de don Gaspard Acosta. Trente-cinq navires
marchands se trouvaient en outre dans la baie, et l'ef-
fectif de la garnison, y compris les cinq régiments
venus de Lisbonne, se montait à environ quinze mille
hommes, sans compter les nègres.

Avant de commencer l'attaque, Duguay-Trouin écrivit au gouverneur don Francisco de Castro; il lui de-
mandait réparation, en le menaçant de détruire la ville
s'il refusait d'accepter les conditions qu'il lui fixait.
Don Francisco répondit qu'il défendrait jusqu'à la dernière goutte de son sang la place qui lui était confiée.

Duguay-Trouin se mit alors en devoir de commencer le feu. Le combat fut terrible et s'engagea au milieu de la nuit avec une égale ardeur. Le feu des batte-
ries françaises ne discontinuait pas, et un orage épou-
vantable, qui éclata avec fracas, ajouta encore au bruit
de cette scène. Rien ne saurait surpasser les horreurs

de cette nuit de sang et de carnage, qui devait amener la perte de la ville. Dès l'aube, elle était abandonnée par les habitants frappés de stupeur et d'effroi.

Duguay-Trouin s'assura des forts de Saint-Jean, de Sainte-Croix et de Villegagnon, puis, après avoir fixé le rachat de la ville à la somme de six cent mille cruzades (1,500,000 fr.), il se fit donner comme otages douze des principaux officiers et se retira suivi de ses vaisseaux, dont deux périrent pendant le voyage.

La perte des Portugais avait été assez considérable, mais les mauvais temps que Duguay-Trouin eut à essuyer pendant la traversée, lui en firent aussi éprouver de sensibles.

La paix de Rastadt, signée le 6 mars 1713, mit un terme à cette fâcheuse guerre qui désola les divers états de l'Europe et de l'Amérique, et que l'histoire désigne sous le nom de guerre de la Succession.

En 1725, les mines de diamants furent découvertes au Brésil, et la richesse qu'elles y répandirent, compensa et fit vite oublier les désastres passés.

En 1763, le roi Joseph transporta le siége de la vice-royauté brésilienne à Rio-Janeiro, et cette ville prit bientôt un accroissement considérable, aussi eut-elle l'honneur de devenir la seconde capitale du Portugal, lorsqu'en 1808, les événements politiques obligèrent Jean VI, alors régent du royaume, à venir y établir sa résidence et celle de sa royale famille.

La plus belle page de l'histoire du Brésil est assurément celle relative à l'empressement avec lequel chacun, riche ou pauvre, voulut contribuer à rendre au souverain le séjour de Rio-Janeiro digne de lui. Ce fut à qui offrirait tout ce qu'il possédait pour témoigner de son attachement au prince, et Jean VI dut éprouver une douce joie en voyant à quel point sa personne était chère à ses bons et loyaux sujets du Brésil.

Le 23 janvier 1808, ce prince promulgua à San-Salvador l'acte célèbre qui abolissait l'ancien système, en rendant les ports du Brésil accessibles à toutes les puissances alliées, et, le 7 mars 1809, il entrait dans la baie de Rio-Janeiro, aux acclamations de la totalité des habitants, dont la joie semblait tenir du délire, tant elle se manifestait avec fracas.

Le 15 décembre 1815, un décret royal parut qui faisait cesser la position secondaire du Brésil dans la hiérarchie politique, en l'élevant au rang de royaume. L'enthousiasme alors ne connut plus de bornes, et les Brésiliens furent dans le ravissement.

Là ne s'arrêtèrent pas les bienfaits du roi; en 1816, il fonda une académie; il encouragea les arts, les sciences, et donna enfin à ce beau pays l'impulsion qui devait en faire la contrée la plus florissante qui existe de nos jours.

Jean VI fut sacré le 5 février 1818, dix ans donc environ après son arrivée au Brésil, et pendant ces dix années, un incroyable changement s'était opéré dans l'esprit des masses : il semblait qu'un immense désir d'inconnu occupât toutes les têtes; des germes révolutionnaires, venus d'Europe, avaient porté leurs fruits.

En 1821, on réclama une constitution, et une chambre représentative fut formée; bientôt une agitation sourde fit explosion, et le paternel monarque, dans le but d'éviter toute collision, se hâta d'octroyer aux Brésiliens la constitution qu'ils demandaient.

Peu de jours après, rappelé en Portugal par les événements, le roi laissa à Rio-Janeiro son fils don Pédro, chargé de la régence du Brésil.

Ce prince, aimé des Brésiliens qui lui décernèrent le

titre de Défenseur perpétuel, consentit à placer la couronne impériale sur sa tête, afin d'éviter que cette couronne, qui lui appartenait par droit de naissance, échappât au riche héritage de ses ancêtres ; en effet, tout donnait lieu de craindre que le Brésil, dans son violent désir de s'appartenir, allât jusqu'aux extrémités et jusqu'à la formation d'une république fédérative.

L'indépendance du Brésil fut sanctionnée par un traité signé à Rio-Janeiro le 27 août 1825, et ratifié par Jean VI, à Lisbonne, le 5 novembre de la même année, aux termes duquel « Sa Majesté Très-Fidèle reconnaissait son bien-aimé et estimé fils, don Pedro, « comme empereur, cédant et transférant, de sa libre « volonté, la souveraineté dudit empire à son fils et à « ses successeurs légitimes. »

Le Brésil cessant, à partir de ce moment, d'être une colonie portugaise, nous n'avons pas à continuer le récit des événements qui s'y produisirent ; mais nous ne saurions terminer ce travail, sans faire remarquer ce qu'il dut à l'œuvre incessante des rois de Portugal, qui ne l'oublièrent pas un instant. Ils fécondèrent cette terre vierge, ils en firent un empire florissant dont l'avenir ne peut que développer encore la brillante destinée, mais dont le passé, on ne saurait trop le répéter, est une des gloires des maisons d'Avis et de Bragance.

Paris. — Imp. Kugelmann. 18, rue du Helder.

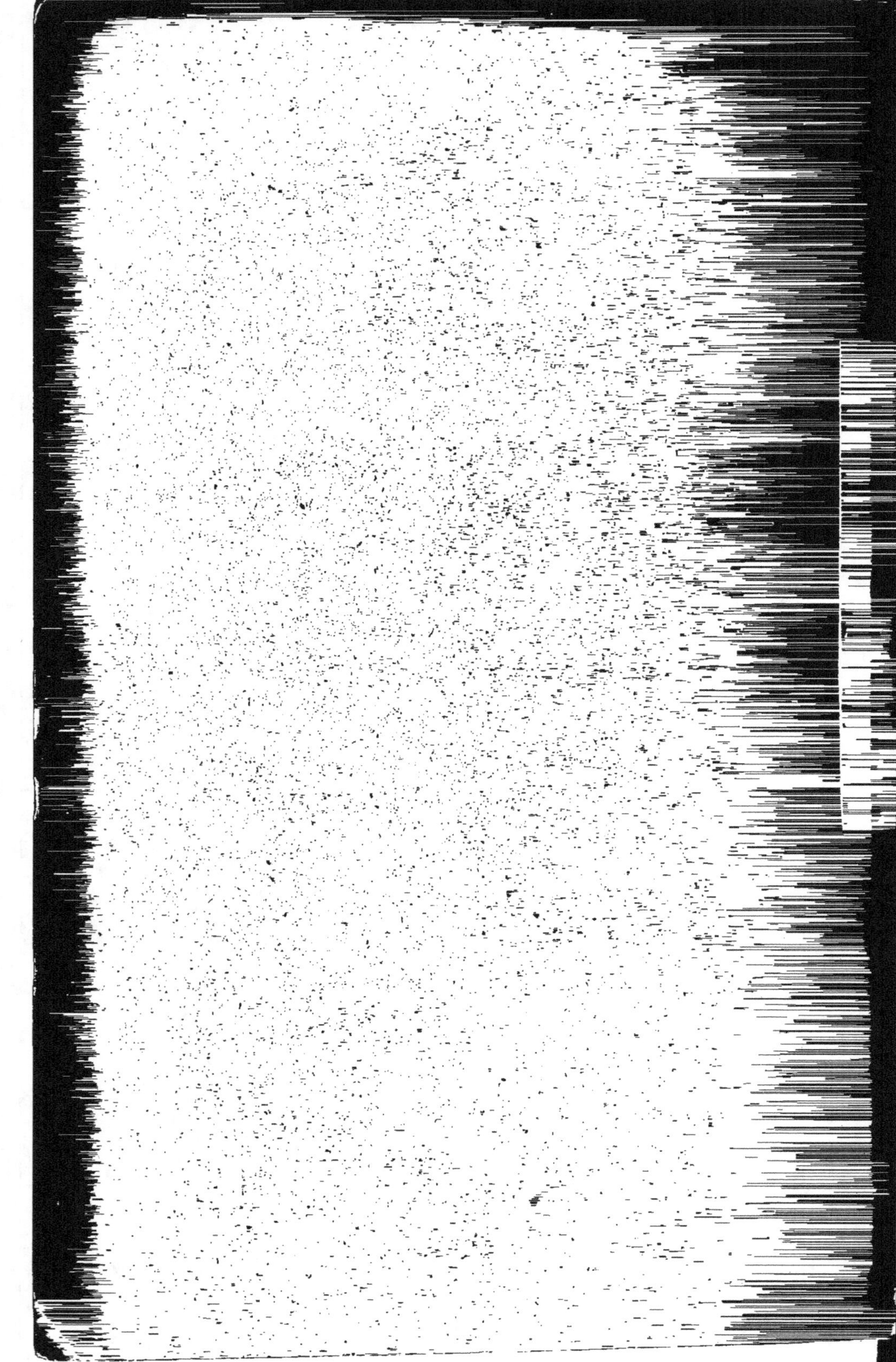